AF247237

RECUEIL

DES

ORDRES DONNÉS

Pour le Bannissement des Religieux de la Compagnie de Jésus, d'ESPAGNE, des ISLES ADJACENTES, &c. &c. &c.

A MADRID.

1767.

Et se trouve A PARIS,

Chez ANTOINE BOUDET, Imprimeur du Roi.

DECRET DU ROI

A S. E. LE COMTE D'ARANDA.

M'ETANT conformé à l'avis des membres de mon Conseil Royal assemblé extraordinairement le 29 de Janvier dernier, à l'occasion des évenemens passés, & d'après ce que m'ont exposé des personnes les plus distinguées, pressé d'ailleurs par l'obligation dans laquelle je suis de maintenir parmi mes peuples, la subordination, la tranquillité, la justice, ainsi que la suprême autorité que je tiens de Dieu, & le respect dû à ma Couronne, pour des causes enfin justes & nécessaires, que je réserve en moi-même, je me suis déterminé à ordonner que les Religieux de la Compagnie de Jesus, tant Prêtres que Coadjuteurs ou Lais, qui auront fait la premiere Profession, & les Novices qui voudront les suivre, fussent bannis de tous mes

Royaumes d'Espagne, des Indes, des Isles Philippines & des terres adjacentes, & que l'on y saisisse tous leurs biens. Pour que mes résolutions, à cet égard, soient exécutées d'une maniere uniforme, je vous donne plein pouvoir & toute autorité de dresser les instructions & les ordres nécessaires que vous estimerez les meilleurs, pour l'accomplissement le plus efficace, le plus prompt & le plus tranquille. Je veux que les ordres que vous donnerez soient exécutés ponctuellement, non-seulement par les Justices supérieures & inférieures, mais encore par les Vice-Rois, les Présidens, les Audiences, les Gouverneurs, les Corrégidors, les grands Baillifs, & tous autres Juges que ce puisse être de mes Royaumes & Provinces; qu'en vertu des Réquisitions respectives de ceux-ci, toutes troupes, toutes milices, tout habitant, donnent main-forte sans aucune excuse ni délai, sous peine de mon indignation : J'enjoins aux P. P. Provinciaux, Préfets, Recteurs & autres Supérieurs de

là *Compagnie de Jesus*, de se conformer ponctuellement chacun en droit
soi à ce qui leur sera prescrit ; &
afin que tout se passe suivant mes intentions, on ne manquera pas dans
l'exécution de les traiter avec tous secours & égards de décence, d'attention & d'humanité. Vous tiendrez
tout ceci pour bien entendu, afin
qu'il soit exactement accompli, suivant la confiance & l'espérance que
j'ai en votre zéle, votre activité &
votre amour pour mon service ; vous
accompagnerez les ordres qui sont
nécessaires, de copies de ce Decret
qui renferme mes volontés ; je veux
qu'à ces copies, étant signées de
vous, on donne foi & crédit comme à l'original = *Signé de ma main
Royale*, = au Pardo le 27 Février
1767. = Au Comte d'Aranda, Prési-
dent du Conseil.

*Ceci est la copie de l'original qu'il
a plû à S. M. m'adresser. Madrid
le* 1 *Mars* 1767. Le Comte d'Aranda.

En conséquence s'expédierent pour
l'Espagne les ordres suivans.

A iij

LETTRE CIRCULAIRE

*Accompagnée d'un paquet cacheté,
& adreſſée dans tous les pays où il
y avoit des maiſons de Jéſuites,
aux Juges ordinaires des lieux.*

JE vous envoye le paquet ci-joint :
vous ne l'ouvrirez qu'au 2 d'Avril ;
inſtruit alors, vous exécuterez les ordres qu'il contient.

j'ai à vous avertir que vous ne devez informer perſonne que vous ayez
reçu ni cette lettre ni ce paquet : vous
prévenant que s'il en tranſpiroit la
moindre connoiſſance avant le jour
marqué, par défaut de précaution,
ou par foibleſſe de votre part, vous
ferez traité comme quelqu'un qui
manque à la diſcrétion dans ſon emploi, & à l'attention qu'il doit au
ſervice du Roi ; prévenu en termes
ſi précis ſur le ſecret & la prudence
néceſſaire en cette rencontre, ſi vous

y manquez, vous ne ferez donc point excufable.

Vous m'accuferez par le retour du Courrier la réception de ma lettre & du paquet, avec promeffe de vous y conformer, le fervice du Roi le de-mande. Dieu vous conferve long-temps. Madrid 20 Mars 1767. ═ Le Comte d'Aranda.

CONTENU DU PAQUET
CACHETÉ.

PAr ce paquet qui aura dû s'ouvrir sans faute le Jeudi 2 Avril & non avant, par l'exemplaire y joint du Décret du Roi, imprimé & signé de ma main, & par l'instruction qui y est conforme, vous jugerez combien il est important que s'ensuive l'exécution ponctuelle pour operer le Bannissement des Religieux de la Compagnie de Jesus; vous la commencerez dès la nuit du 2 au 3, ou dès le grand matin du 3, & vous vous conformerez avec attention pour ce qui doit suivre au Décret du Roi & à tout ce que porte l'instruction.

Vous n'en communiquerez rien à votre Secrétaire avant que de l'employer, ou du moins si vous êtes obligé de vous en ouvrir à lui, que ce ne soit que quelques momens avant l'exécution, & en ce cas ne souffrez pas qu'il quitte votre personne.

Comme il n'y a point de maison de Jésuites tellement dépourvue, qu'elle manque pour le moment de quelqu'argent ou de quelques denrées avec lesquelles on puisse en faire sur le champ, vous vous servirez de ce que vous trouverez, soit de l'un soit des autres pour satisfaire aux frais de routes de ces Religieux jusqu'aux lieux qui ont été pourvûs de caisses pour cet objet; dans le cas où contre les apparences vous ne trouveriez ni argent ni denrées, vous vous servirez des fonds publics sous la promesse de les remplacer. Si ceux-ci vous manquent vous aurez recours à quelques particuliers, vous engageant par écrit au nom de Sa Majesté pour un remboursement prompt & sans la moindre discussion sur les fonds du Roi, qui d'ailleurs se ressouviendra du service rendu en cette occasion.

Vous me rendrez compte par le plus près Courrier de la maniere dont les choses se feront passées; je vous préviens qu'aucun motif ne doit faire retarder du jour fixé l'exécution de

cette Commiſſion , & que votre prudence entrant dans l'eſprit général
du Décret du Roi , de l'inſtruction
& des ordres que je vous détaille ,
devra ſuppléer aux cas dont vous ne
vous voyez pas averti.

Que Dieu, ſuivant, mes deſirs,
vous conſerve long-temps. == Madrid 20 Mars 1767. == LE COMTE
D'ARANDA == à Don......

Dans les lieux où l'exécution fut
anticipée , on avoit fait paſſer les li-
gnes qui ſuivent. *Quoique l'on fut
diſpoſé à ne pas mettre cette réſolution
à exécution avant la nuit du 2 au
3 Avril, vous l'exécuterez , néanmoins, dans celle du 31 Mars, au
1 Avril de grand matin , par la rai-
ſon qu'on l'a avancé ainſi , & miſe à
ce jour pour Madrid & pour les lieux
circonvoiſins. Madrid, 28 Mars 1767.
== ARANDA.*

Le Décret du Roi d'exécution ſuſ-
dit eſt à la lettre le même qui eſt
énoncé ci-deſſus, on en joignit une
copie imprimée à chaque Lettre
d'ordre.

INSTRUCTION

*Pour ceux qui seront chargés d'exé-
cuter le Bannissement des Jésuites, & la saisie de leurs biens &
possessions dans les Royaumes d'Espagne, & Isles adjacentes, confor-
mément au Décret du Roi.*

LA veille du jour fixé pour l'exécution, cette Instruction étant ou-
verte, & toujours tenue secrete, le
chargé en étudiera bien tous les arti-
cles, & sans donner rien à connoître, s'assurera des troupes du lieu ou
du voisinage, ou à défaut, d'autres
mainfortes, & usant de présence d'esprit, sang froid & précaution après
avoir reconnu en personne, la situation intérieure & extérieure des Maisons, en occupera dès la veille, les
avenues, de façon que dès lors per-

fonne n'y entre, ni n'en forte, fans qu'il en ait connoiffance.

II. Il ne s'ouvrira de fes fins à perfonne avant l'ouverture à l'heure ordinaire des portes de la Maifon ; & avant qu'il n'ait fous quelque prétexte réuni fa troupe & fait occuper par elle les entrées par le côté du dedans ; car il ne devra point donner lieu à l'ouverture des portes de l'Eglife qui devra refter fermée tout le jour & les fuivans, tant qu'il y aura des Jéfuites dans la Maifon.

III. Le Supérieur fera d'abord requis au nom de Sa Majefté de faire affembler au fon de la cloche capitulaire toute la Communauté fans en excepter le frere Cuifinier ; la Communauté affemblée, le Commiffaire accompagné de témoins féculiers de bonne réputation lira le Décret du Roi de Banniffement & de faifie des biens, & exprimera dans fon acte les noms & les claffes de tous les Jéfuites affemblés.

IV. On leur enjoindra qu'ils refrent dans leur falle capitulaire ; l'on fera mention dans l'Acte de ceux qui font permanents de la maifon, de ceux qui font paffans, des maifons aux-quelles ceux-ci appartiennent, des noms & de l'emploi des domeftiques féculiers qui y couchent ou qui n'y couchent pas, pour ne point laiffer entrer ceux-ci, ni fortir ceux - là fans caufe très-importante.

V. Si quelque Jéfuite fe trouvoit dehors ou dans quelqu'endroit peu éloigné de la maifon, le Supérieur fera requis de lui écrire uniquement qu'il fe rende fans le moindre délai à la maifon; fa lettre fera envoyée fans perdre de temps par une perfonne fure qui ne révelera rien de ce qui fe paffe.

VI. Le chargé des ordres procédera après en préfence des Peres Supérieur & Procureur de la maifon à la faifie des archives, des papiers de toute ef-pece, de la Bibliotheque commune, des Livres & Bureaux des chambres, diftinguant ceux de chaque Jéfuite, les mettant dans un ou plufieurs endroits, & les clefs étant remiſes au Juge de la Commiſſion.

VII. Enſuite le Sequeſtre s'en étant d'avance & par précaution fait remettre les clefs, ſaiſira tous les fonds & autres effets d'importance qui ſe trouveront, ſoit à titre de rente, ſoit comme dépôt.

VIII. Il ſuffira que l'on enferme les meubles & ornemens de la Sacriſtie de l'Egliſe, pour que l'inventaire s'en faſſe en ſon temps avec l'aſſiſtance du Procureur de la maiſon, & l'intervention du Proviſeur, Vicaire Eccléſiaſtique ou Curé du lieu, faute de Juge Eccléſiaſtique. L'on agira en cette rencontre avec le reſpect & la décence qu'elle demande, ſur-tout relativement aux Vaſes Sacrés; & de façon qu'il ne s'y paſſe rien d'irrévérent ou d'irreligieux : ce que certifieront par leur ſignature à l'Acte l'Eccléſiaſtique, le Procureur & le Chargé d'ordres.

IX. On aura une très-particuliere attention à ce que les Religieux ne ſe ſeſſentent point, dans leur maniere commode & ponctuelle de vivre, de la précipitation & de la multitude de ces opérations judiciaires ; qu'on enchériſſe au contraire à cet égard, s'il eſt poſſible ; qu'ils puiſſent, par exemple, ſe retirer pour prendre du repos à leurs heures accoutumées ; qu'on raſſemble à cet effet leurs lits dans des endroits convenables, & qui ne les tiennent pas fort diſperſés.

X. Dans les Maiſons de Noviciat, (ou dans celles où il y auroit par hazard quelque Novice,) l'on ſéparera d'abord ceux qui n'auront pas encore fait de Vœu ; afin que dès l'inſtant ils ne communiquent plus avec les autres ; on les transferera dans quelque maiſon particuliere, où avec pleine liberté & connoiſſance que tous les Religieux de leur Ordre ſont condamnés & expatriés pour toujours, ils puiſſent prendre le parti auquel ils inclineront. Juſqu'à ce qu'ils ſe ſoient expliqués ſur ce parti, ils ſeront entretenus aux frais du Roi.

L'explication que chacun en donnera devra être signée de sa propre main, afin qu'on joigne au Corps celui qui voudra le suivre, ou qu'on mette en liberté avec ses habits séculiers celui qui la préferera. Le Chargé d'ordres ne permettra pas qu'on leur suggere rien, pour les engager à embrasser l'un ou l'autre parti, on les laissera uniquement à leur libre arbitre, bien entendu, que dans l'un ni l'autre cas il ne leur sera point assigné de pension, puisqu'ils auront été à tems de rentrer dans le monde, ou de passer dans un autre Ordre, & en parfaite connoissance, qu'autrement ils restoient proscrits pour toujours de leur Patrie.

XI. Vingt-quatre heures après la signification du Bannissement, ou beaucoup plutôt, on mettra les Jésuites en route de chaque maison en droiture, pour les rendez-vous, ou caisses qu'on va désigner ici ; on cherchera dans le canton ou dans le voisinage les voitures nécessaires à cet effet.

XII.

XII. Les caisses générales ou lieux de rendez-vous sont,

De Mallorque	*à* Palme.
Catalogne	Tarragone.
Aragon	Terruel.
Valence	Segorbe.
Navarre & Gui-puscoa	Saint Sebastien.
Rioja & Biscaye	Bilbao.
Castille la vieille	Burgos.
Asturies	Gijon.
Galice	La Corogne.
Estremadure	Frenegal, frontiere d'Andalousie.
Des Royaumes de Cordoue	Xerès de la frontiere.
De Jaen & Seville	Malaga
De Grenade	Carthagene.
Castille la Neuve	Santa Cruz ou autre
De Canaries	lieu à la disposition du Command. Général.

XIII. On chargera de leur conduite, des personnes prudentes, avec une escorte qui les accompagnera depuis leur départ, jusqu'à leur arrivée, aux différens rendez-vous. On demandera aux justices de la route secours, s'il en est besoin, & celles-ci seront tenues de le donner à l'inftant, & pour cela on fera ufage de mon paffeport.

XIV. Ceux qui feront chargés de cette conduite, préviendront, avec le le plus grand foin, qu'on n'infulte point les Religieux, & demanderont aux Juftices qu'on puniffe ceux qui fe feroient rendus coupables à cet égard, les Religieux devant être regardés comme fous la protection du Roi, puifqu'ils lui obéiffent exactement, actuellement qu'ils font fur les terres de S. M. ou fous fon pavillon.

XV. On leur remettra pour l'ufage de leurs perfonnes, toutes leurs hardes, fans aucun retranchement, leurs tabatieres, leurs mouchoirs, leur tabac, leur chocolat, & uftenciles en dépendans, leurs Bréviaires, Diurnaux, livres portatifs de prieres & de dévotions.

XVI. Depuis les rendez-vous, qui ne font point maritimes, l'on fuivra la route, jufqu'à l'embarquement de cette maniere.

XVII. De Segorbe & Terruel, on

paſſera à Tarragona , dont on pourra transférer les Jéſuites, au Port de Salou comme le plus près , auſſi - tôt que les vaiſſeaux qui doivent les tranſporter ſeront prêts.

XVIII. De Burgos on transferera les réunis au Port de Santander ; il y a une maiſon de Jéſuites où ſes ſujets ſe réuniront à ceux de Caſtille.

XIX. De Fregenal on transferera ceux d'Eſtremadure à Xérès de la Frontiere ; ils ſeront conduits avec les autres d'Andalouſie au port Sainte-Marie ſi-tôt qu'il y aura un vaiſſeau prêt.

XX. Chacun des rendez-vous intérieurs doit reſter ſous l'inſpection particuliere d'une perſonne que j'enverrai exprès pour ſoigner les Religieux juſqu'à leur ſortie par mer du Royaume, & veiller à ce qu'ils n'entretiennent aucune communication au dehors, ni par écrit, ni de vive voix ; communication qui doit s'entendre interdite dès le moment des premieres diligences ; ce que leur intimera d'abord le Chargé des ordres pour chaque maison respective & avec soin ; car à cet égard la moindre transgression, difficile à croire, sera punie très-exemplairement.

XXI. Aux ports respectifs d'embarquemens il sera pourvû de navires suffisans & d'ordres ultérieurs ; le Chargé d'ordres tirera des reçus particuliers des maîtres des navires, détaillans tous les Jésuites qu'il aura embarqués ; les noms, patrie, classe de premiere ou seconde profession, ou quatriéme vœu de ces Religieux ; même des lais qui les accompagneront.

XXII. Le Procureur de chaque maison devra rester pendant deux mois dans les environs, logé en maison d'autre Ordre ; ou à défaut en maison séculiere ayant la confiance du Chargé des ordres pour donner fidélement & en forme des réponses & des éclaircissemens à mesure qu'on lui en demandera sur les biens, papiers, comptes, fonds en argent & administration intérieure de leur maison : quoi fini, ils seront mis en route pour un lieu d'embarquement qu'on leur défignera, afin que feuls ou avec d'autres ils foient conduits au deftin de leurs freres.

XXIII. Les *Procureurs Généraux* des Provinces d'*Efpagne* & des *Indes* feront détenus pour le même terme, le même objet & la même fuite.

XXIV. Il peut s'en rencontrer d'un âge bien avancé ou attaqués de maladies, tellement qu'il ne foit pas poffible pour le moment de les mettre en route; par égard pour eux fans qu'il puiffe s'en fuivre de prétexte ou d'occafion à fraude & à infidélité, on attendra une faifon plus favorable aux voyages, ou une décifion de la maladie.

XXV. Il peut y en avoir auffi qu'un ordre de ma part faffe retenir à raifon de quelque Acte ou Déclaration judiciaire; en ce cas il faudra s'y conformer, mais que pour aucun autre ordre quel qu'il foit, l'on ne fufpende point la fortie d'aucun Jéfuite. Je fuis trop bien informé des intentions du Roi, & S. M. m'a chargé trop particulierement de leur exécution pour que j'admette quelques exceptions là-deſſus.

XXVI. L'on ſçaura pour regle générale, que les Procureurs, les vieillards, les malades, ou les détenus, pour les raiſons déduites ci-deſſus, devront paſſer dans des Couvents d'Ordres qui ne ſuivent point l'école de la Compagnie, & qui ſeront les plus voiſins. Ils devront reſter ſans pouvoir communiquer au-dehors, à la diſpoſition du gouvernement pour les fins exprimées ci - deſſus : le Juge de la commiſſion y tiendra exactement la main, après l'avoir recommandé au Supérieur du Couvent, pour qu'il concoure de ſon côté aux même fins, & que ſes Religieux n'ayent non-plus aucun rapport avec les Jéſuites détenus, qui, d'ailleurs, devront être traités avec toute charité religieuſe, & aux frais du Roi.

XXVII. Les Jéſuites François, qui ſont dans des Colléges ou dans des maiſons de particuliers, en quelque occupation que ce ſoit, ſeront conduits de la même maniere que les au-

tres Jésuites; de même sans la moindre différence, ceux qui vivent dans
le Palais du Roi, dans les Pensions,
les Ecoles séculieres ou militaires,
les biens de campagne, ou en quelqu'autre emploi que ce soit.

XXVIII. Dans les maisons où les
Jésuites tiennent pensions, on rem-
placera dans l'instant, les Directeurs
& les maîtres Jésuites, par des Ecclésiastiques séculiers, qui ne soient
point de leur Doctrine, en attendant
qu'avec plus de lumieres, on pourvoye à une bonne administration. On
fera continuer les enseignemens aux
Pensionnaires, par ces Ecclésiastiques
substitués; quant aux maîtres séculiers, on n'innovera rien à leur égard.

XXIX. Toute cette instruction
s'observera à la lettre, par les Juges
commis pour l'exécution; ils auront
à suppléer par leur prudence aux cas
non exprimés, & qu'offriroient de
petites circonstances du jour; mais ils
ne pourront rien changer dans l'es-
sentiel, ni étendre la condescendan-
ce, pour peu qu'elle affoiblisse l'esprit

qui a dicté ce qu'on ordonne, qui se réduit à une prompte & prudente expulsion des Jésuites ; procurant pourtant une conduite tranquille, décente & sure de leurs personnes, aux lieux de dépôts & d'embarquemens, en les traitant même avec douceur & charité. La défense de communication extérieure, soit par écrit, soit par paroles, sans distinction de rang ni de personnes, restant néanmoins entiere ; que de l'étude de cette ordonnance resulte l'intelligence de tout ce que nous vous prescrivons ; de l'intelligence le succès, & du succès une preuve de zèle pour le service de S. M. & d'amour pour sa personne sacrée.

Vous me donnerez avis de tout ce qui suivra, c'est tout ce que j'ai à vous dire pour me conformer aux ordres de S. M. dont je me trouve chargé, comme vous en voilà actuellement chargés chacuns pour ce qui regarde votre département. = Madrid 1 Mars 1767.

POUR

POUR QUE LES TRIBUNAUX
Supérieurs des Provinces compris-
sent parfaitement l'Ordonnance gé-
nérale, & puffent prêter la main,
on écrivit à leurs Préfidens, ce qui
fuit.

LETTRE D'ENVOI.

JE joins à la préfente, un paquet que vous n'ouvrirez que le Jeudi, 2 Avril ; inftruit alors de fon conte-nu, vous ferez ce qui y eft prefcrit.

Il convient au fervice du Roi, que vous ne faffiez connoître, ni à votre Secrétaire, ni à nul même de vos in-times, que vous ayez un paquet à ou-vrir à jour fixé ; & je compte, avec d'autant plus de raifon fur votre bonne conduite à cet égard, qu'il y va de votre confidération perfonnel-le, & du fervice du Roi.

Dieu vous conferve long - tems. Madrid, 20. Mars 1767. = Le Comte D'ARANDA.

C

CONTENU DU PAQUET
CACHETÉ.

LE Roi ayant déterminé l'expulsion, hors ses Domaines, de tout
l'Ordre Religieux de la Compagnie,
il m'en a commis l'exécution par son
décret dont je joins ici la copie. Cette
opération étant une de celles qui re-
quierent unité de temps & de
moyens, j'ai fait passer les ordres
respectifs en droiture dans chacun
des lieux où il y a une ou plusieurs
maisons desdits Religieux, afin
qu'elle fut universellement accom-
plie dans le jour, 3 Avril; l'exemplaire que je vous envoye, comme
j'ai fait par-tout, vous instruira
parfaitement des dispositions que j'ai
faites.

Par l'effet de quelque méprise ou
négligence il auroit pû arriver que
quelque maison ou petite ou retirée
de grands lieux nous eut échappé,
vous pourrez aisément vérifier par la
liste qui accompagne si nous som-

mes en ce cas dans votre département, & si nous y sommes vous y sup-
pléerez en y faisant pratiquer sur le
champ & sur les mêmes regles, dans la
maison ou les maisons omises, ce qui
se sera exécuté dans les autres men-
tionnées en la liste.

L'Edit solemnel du Roi pour informer la nation & les Tribunaux de la
résolution de S. M. se publiera ici le
jour même fixé pour son effectue-
ment, comme il le sera ensuite par-
tout. Quant à présent, vous vous
comporterez, & le tribunal que vous
présidez, d'après le Décret que je
vous envoye, vous observant que
vous ne devez rien faire connoître de
tout ceci à votre Tribunal même avant
le matin du 3 Avril que se sera faite
l'intimation & commencé la saisie
des biens.

D'après les présentes & la connoissance qu'en aura votre Tribunal il
sera attentif à pourvoir à ce qui auroit
été omis de ce qui pourroit le regar-
der, comme à veiller sur les autres
chargés d'ordres pour qu'ils ne négli-

gent rien de leur côté, fans pourtant les interrompre dans leurs fonctions ; parce que chacun eft refponfable de ce qui le regarde.

Dieu vous conferve longues années. = Madrid 20 Mars 1767. = Le Comte d'Aranda.

Nota. On envoya à chaque Préfident un exemplaire de tout ce qu'on avoit fait paffer aux villes.

LISTE DES MAISONS,
Colléges & Réfidences des Réguliers de la Compagnie de Jefus en Efpagne & Ifles adjacentes.

Province de Caftille.

Arevalo.
Avila.
Azcoitia.
Bilbao.
Burgos.
La Corogne.
Leon.
Lequeytio.
Medina del Campo.
Monforte de Lemos.
Monterrey.
Ognate.
Ordugna.

Orenfe.
Oviedo.
Palencia.
Pampelune.
Pontevedra.
Salamanque.
Santander.
Santiago de Galice.
San Sebaftian.
Sebovie.
Soria.
Tudele.
Valladolid.

Vergaro.	Bierzo.
Vittoria.	Villagarcia.
Villa Franca de	Zamora.

Province de Tolede.

Albacete.	Jefus del Monte.
Alcala de Henares.	Llerena.
Alcarax.	Lorca.
Almagro.	Madrid.
Almonacid.	Murcie.
Badajoz.	Navalcarnero.
Belmonte.	Ocana.
Caceres.	Oropefa.
Carabaca.	Plafencia.
Cartagene.	Talavera de la Rey-
San Clemente.	na.
Daymiel.	Toledo.
Fuente del Maeftre.	Villarejo de Fuen-
Guadalaxara.	tes.
Huete.	Yébene.

Province de Andaloufie.

Segura de la Sierra.	Cordouë.
Andujar.	Ecija.
Antequera.	Grenade.
Arcos.	Guadix.
Baena.	Higuera la Real.
Baeza.	Jaen.
Cazorle.	La Laguna de Te-
Cadix.	nerife.
Canaria.	Malaga.
Carmona.	Marchena.

Montilla.
Moron.
Motril.
Orotaba en l'ifle Tenerif.
Ofuna.
Port de Sainte Marie.

San Lucar de Barrameda.
Seville.
Trigueros.
Ubeda.
Utrera.
Xerez de la Frontiere.

Province d'Aragon.

Alicante.
Barcelone.
Calatayud.
Caudia.
Gerona.
Graos.
San Guillermo.
Huefca.
Lerida.
Mallorque.
Minorque.
Onteniente.
Orihuela.

Pollenza en l'ifle Mallorque.
Segorbe.
Tarazona.
Tarragona.
Teruel.
Tortofe.
Valence.
Vique.
Urgel.
Ibiza.
Zaragoza.

EXECUTION A MADRID.

Ordre de S. E. à MM. les Alcaldes.

LE Roi ayant déterminé, comme vous le comprendrez par son Decret ci-joint, que les *Réguliers de la Compagnie* soient bannis des Domaines de la Couronne, je vous ai destiné pour l'expédition de la maison de . . . en conséquence, & en vous réglant sur l'instruction imprimée qui l'accompagne, & sur les observations particulieres qui y sont relativement aux Maisons de Madrid, vous vous mettrez en devoir aujourd'hui à minuit d'effectuer la résolution de S. M.

La troupe qui doit vous aider dans votre commission, se trouvera à onze heures & demie à . . . . ; où vous vous porterez, pour disposer d'elle comme il conviendra, & vous concerter avec l'Officier qui la commandera.

Je vous préviens qu'il faut que
C iv

vous foyez en robe , l'importance du cas le demande ; vous m'aviserez à l'inftant des circonftances qui n'au-roient pas été prévues. Dieu vous garde beaucoup d'années. Madrid 31 Mars 1767. ⹀ Le Comte D'ARANDA ⹀ à l'Alcalde D...

Nota. On fpécifia quelques parti-cularités convenables à l'Alcalde def-tiné pour le Penfionnat des Nobles.

La troupe reçut les ordres qui la regardoient , pour les endroits où elle devoit fe diftribuer , & pour l'aide qu'elle devoit donner à la Juf-tice Royale.

OBSERVATIONS PARTICULIERES

Pour les Alcaldes de Cour.

A Minuit du Mardi 31 Mars au Mercredi 1 Avril, on demandera à la porte de chaque Maison à parler au P. Recteur, & quand le portier se sera défendu pour ne le pas éveiller, on lui dira que c'est un Alcalde de Cour, avec un ordre du Roi.

Le P. Recteur ayant paru, on requerrera de lui qu'il charge quelques gens de reveiller la Communauté, pour lui ordonner de se lever & de se rendre à la salle capitulaire ou au réfectoire, s'il est plus capable de la contenir ; mais le Recteur n'employera que le portier pour faire venir ces gens , & leur donner ses ordres , le Recteur restant toujours en présence de l'Alcalde , qui ne le perdra jamais de vue , pendant qu'un Officier de guerre ou de Justice accompagnera

toujours le portier pour le faire di-
ligenter, & pendant qu'on placera les
sentinelles convenables.

Au Noviciat, on préviendra le
Recteur qu'il n'a point à convoquer
les Novices, mais seulement les Pro-
fès, Prêtres & Freres; & dès l'instant,
par le moyen de sentinelles & de
deux Officiers, l'on tiendra les Novices totalement séparés, ce qui
pourra être dans leur corridor même, leur faisant entendre qu'ils ne
doivent rien appréhender ni se décou-
rager.

Aussi-tôt qu'on ouvrira la porte
principale, on mettra double senti-
nelle à celle qui conduit au clocher,
avec ordre exprès de ne permettre à
personne de l'ouvrir, & d'arrêter qui
y iroit, soit Religieux, soit séculier,
en donnant avis à l'Officier le plus
proche, pour qu'on s'en assure : si l'on
soupçonnoit qu'il put y être monté
quelqu'un, ou qu'on entendit les
cloches, on enfonceroit la porte &
monteroit pour se saisir de ceux qui y
seroient.

La porte de l'Eglife ne s'ouvrira pas de tout le jour, ni les grilles. On mettra double fentinelle à celles qui communiquent au-dedans de la maifon, afin que perfonne n'entre fans être fous la vue d'un des Officiers de la garde.

Pour ce qui regarde l'Eglife & la Sacriftie, on n'y opérera qu'avec un fecours Eccléfiaftique qu'on avertira pour qu'il s'y trouve le matin.

A toutes les portes qui communiquent de la maifon à la rue, on placera en-dedans deux fentinelles, s'affurant auparavant qu'elles font bien fermées ; car elles ne doivent point fervir, à moins que le Magiftrat, chargé de la commiffion, n'en décide autrement ; & pour qu'on ne foit pas furpris à l'égard de ces portes, & qu'on en ait connoiffance exacte, on joint ici la mention précife de toutes celles des différentes maifons.

Tous les Religieux étant raffemblés dans un même lieu, on leur notifiera l'objet de la commiffion. Le Magiftrat qui en eft chargé fe réglera pour tout le reste, dont il n'est point parlé ici, sur l'instruction imprimée.

Dans le Collége Impérial, & dans la maison du Noviciat, où opéreront deux Magistrats ; l'un ne quittera point la Communauté, & avisera au départ dès que les voitures seront prê- tes. L'autre s'employera à prendre pos- session des effets de la maison, à fermer les chambres, à recueillir les clefs ; il en écrira un état, & les numé- rotera par le moyen d'un petit mor- ceau de papier pour, dans le besoin, retrouver à quelle porte elles appar- tiennent ; on fera mention du nom du Religieux qui en habitoit la chambre.

Pour lever toute équivoque, ces Religieux pourront emporter leurs li- vres de prieres, leur linge, leurs har- des, comme robe, manteau, cha- peau, tout leur chocolat, leur tabac, leur confitures, même leur pécule qu'ils devront seulement déclarer de- vant le Magistrat de la commission, en en exprimant la quantité, & toutes autres choses qu'ils auroient, excepté des livres & des papiers. De leur afsemblée, ils iront par les corridors, accompagnés d'un Officier & d'un Soldat de dix en dix, ramasser tout ce qui vient d'être dit; après quoi le Magistrat qui se fera chargé d'inventorier fermera & retirera avec un de ses Officiers de Justice les clefs des chambres avec les noms, les numeros, &c.

Pendant qu'ils s'assembleront, on achevera de poser les sentinelles dans les corridors & les escaliers, avec l'ordre de laisser passer seulement les Religieux, accompagnés d'Officiers de guerre ou de justice, & d'arrêter, en avisant, quelqu'un qui iroit seul depuis la réunion.

Dès que les Religieux se trouveront en état de partir, on fera venir les voitures disposées à cet effet; ils monteront sans délai quatre dans chaque carrosse, & deux dans chaque chaise; un soldat cavalier suivra chaque voiture, pour les faire aller ensemble l'une derriere l'autre, jusqu'à Getafe.

Ceux du Collége Impérial, des

Maisons Professe, de S. George &
des Ecossois sortiront par la porte de
Tolede ; ceux du Noviciat par celle
de Fontcarral, & ceux du Pensionnat
des Nobles par la leur.

Pour chaque Maison, il y aura la
quantité nécessaire de cavalerie, avec
quelqu'un qui la commandera. A
Getafe, on trouvera les logemens
préparés pour les Peres, & là se trouveront aussi avec leur instruction, les
personnes destinées à les conduire.

On employera les voitures nécessaires pour le transport des effets
qu'on leur permet de retirer de leurs
chambres.

On mettra en lieu de sureté les
domestiques ou serviteurs séculiers
qui se trouveroient dans les maisons. On les unira sous de doubles
sentinelles & bonne garde, jusqu'à
ce que le Magistrat bien informé,
pourvoye à un sort pour eux. Madrid 31 Mars 1767. ══ Le Comte
D'ARANDA.

INSTRUCTION

Pour le Directeur du voyage des Jé-
suites de Madrid jusqu'à Cartha-
gene.

LE Roi ayant pris la résolution de
renvoyer de ses Domaines les
Réguliers de la Compagnie, & cette
résolution leur ayant été intimée cette
nuit dans toutes leurs Maisons de Madrid, pour dans la même nuit être
transférés à Getafe, & suivre route
jusqu'à Carthagene, d'où ils seront
transportés dans les terres du Souve-
rain Pontife : je vous nomme pour que
vous soyez chargé de conduire ces
Religieux de Getafe jusqu'au lieu de
l'embarquement.

Afin que vous sçachiez ce que vous
avez à faire, je vous envoye inclus
copie imprimée du Decret du Roi,
avec l'instruction générale, ainsi
qu'une dépêche pour les Justices de
la route, afin qu'elles vous prêtent
la main si vous venez à en avoir

besoin ; & qu'elles vous reconnoif-
fent dans ce qui regarde la commiffion dont vous êtes chargé.

En conféquence vous paflerez cette
après-midi à Getafe, y étant vers une
heure après minuit, vous traiterez
avec la Juftice pour le logement de
ces Religieux qui font en route, &
doivent naturellement arriver Mercredi matin de bonne heure, au nombre d'environ deux cents perfonnes ;
il y aura peut-être trop de ce nombre
de logemens, mais cela vaut mieux
que s'il n'y en avoit pas affez. Les Pè-
res, fatigués de leur affliction, en repo-
feront plutôt & plus commodément.

Ils arrêteront à Getafe tout le Mercredi ; dès qu'ils y feront arrivés
vous tâcherez de joindre dix à douze
des Supérieurs & Peres des plus
confidérés pour régler avec eux la
maniere de fuivre ce voyage, la
meilleure & la plus commode.

A cette fin vous conviendrez avec
les Peres qu'ils fe partagent en deux
bandes égales, donnant à chacune le
nom de premier & fecond Supérieur ;

pour

pour ſe mieux entendre on donnera
d'abord une centaine de doublons *
au Chef de la diviſion , dont un ou
deux feront les fonctions d'Œconome
& d'autres s'employeront pour les Logemens, & pour la nourriture ; de maniere enfin que ce ſoit par les ordres &
les mains des Religieux mêmes que
ſe faſſe toute la dépenſe de leur ſubſiſtance , ſans qu'elle leur ſoit limitée ,
leur fourniſſant au contraire après une
ſomme donnée & dépenſée une nou-
velle & telle qu'il la faut pour le meilleur traitement.

Vous ſerez accompagné dans cette
commiſſion par Don Fernand Coronel comme votre ſecond, & par Don
Philippe Perez , Commis de la grande Tréſorerie avec un fond du Roi
dont il vous délivrera à meſure qu'il
en faudra pour les dépenſes.

Je laiſſe à votre choix le Commiſſai-
re & le Sergent dont vous aurez beſoin.

Vous ferez donner d'abord mille
piaſtres à Don Fernand Coronel , pour
les beſoins de ſa diviſion.

* Environ 1800 liv. Tournois.

D

La marche, comme il eſt dit, par-
tagée en deux bandes, Don Fernand
Coronel répondra de celle qui ira devant, & vous vous tiendrez avec l'autre & Don Philippe Perez.

La premiere partira le Jeudi matin, la ſeconde à midi, & de maniere que dans l'endroit d'où l'une
ſortira à midi, l'autre entrera pour la
couchée, & ainſi ſucceſſivement par
journées bien réglées.

Marcheront de même en deux bandes, l'eſcorte de Cavalerie & ſon Officier, avec lequel vous vous enten-
drez.

Un moment avant le départ d'une
diviſion ſortiront un Sergent & quatre
Soldats avec le paſſeport de logement,
& les Religieux deſtinés à pourvoir à
la ſubſiſtance & aux beſoins des autres.

Vous enjoindrez aux voituriers la
plus grande ponctualité & le meilleur
ordre, les puniſſant en cas qu'ils manquent. Eu égard à ce qu'ils partent de
Madrid ſans ſçavoir la durée de leur
voyage vous les ferez ſecourir d'argent.

par le Caiffier fuivant que vous le trouverez à propos.

Si quelque Religieux venoit à être attaqué de maladie ou d'indifpofition qu'on préfumera d'un ou de deux jours, vous lui laifferez un compagnon : fi elle doit être plus longue, vous ne lui en laifferez point; mais vous chargerez de ma part la Juftice du lieu qu'on ait pour lui les plus grands foins: & lorfqu'il fera rétabli, qu'on lui faffe fuivre fa route pour rejoindre les autres avec une perfonne de confiance & un témoignage qui porte les raifons de fon retardement.

Comme vous marcherez à la derniere divifion vous vous informerez de celle qui vous précede, & apporterez remede à ce que vous apprendrez en avoir befoin, de concert avec D. Fernand Coronel & avec les Officiers d'efcorte.

Je ne doute point que les Peres n'excufent les fautes qu'on fera dans leur fervice, mais vous n'en devez pas moins veiller à ce que perfonne par une inconfidération volontaire n'aggrave leur situation, ni moins punir féverement qui s'en rendroit coupable.

Arrivé à Carthagene vous remettrez ces Religieux à celui qui en fera ultérieurement chargé.

Les frais de voiture pour vous, pour Don Fernand Coronel, & Don Philippe Perez entreront comme tous les autres frais dans le compte général.

Pour les frais de votre voyage je vous affigne . . . . par jour . . . . à Don Fernand Coronel, & . . . . à Don Philippe Perez, à l'Ecrivain . . . . & autant au Sergent.

Chaque Officier, Sergent, Caporal & Soldat de l'efcorte recevront le double de leur prêt ordinaire, vous leur ferez fournir le pain, la paille & l'orge.

Vous donnerez des mandats fur Don Philippe Perez pour toutes dépenfes extraordinaires.

Il eft difficile que je puiffe vous prévenir fur tout ce qui peut d'ailleurs arriver; mais votre prudence y pourvoira : je vous donne pour cela plein pouvoir avec confiance que vos talens déja connus sçauront remédier à tout , & diftinguer ce qui fera d'importance à n'être décidé que par moi. Que Dieu vous conferve longues années. == Madrid 31 Mars 1767. == Le Comte D'ARANDA. == M. Don Jean ACEDO RICO.

Nota. L'ordre donné pour ce qui concerne les deux efcortes de Cavalerie , réduite chacune à un Officier fubalterne , un Sergent & dix foldats , a été de préferver de toute infulte les Religieux conduits ; de tenir les voituriers ponctuels & obéiffans ; de faire aller en avant le Caporal & fes quatre hommes avec les chargés du foin des logemens , ainfi que le paffeport adreffé aux Juftices ; & enfin de prêter fecours au Chef de la Commiffion en tout ce qu'il fouhaitera.

Son Excellence a ordonné depuis , que des Maifons de cet Ordre même on envoyât aux différens lieux d'embarquemens des matelats , des draps ,

& des couvertures , avec du linge de table ; afin que les Religieux jouiffent pendant leur navigation de toutes les commodités poffibles.

Nota. *Doit suivre ici la Pragmatique-Sanction ou l'Edit solemnel du Roi du 2 Avril ; comme elle se distribue depuis huit jours, on avertit seulement que ceux qui n'en sont point encore pourvûs, & qui la voudroient, la trouveront chez le même Imprimeur, rue saint Jacques.*